Theodor Fontane
Aphorismen

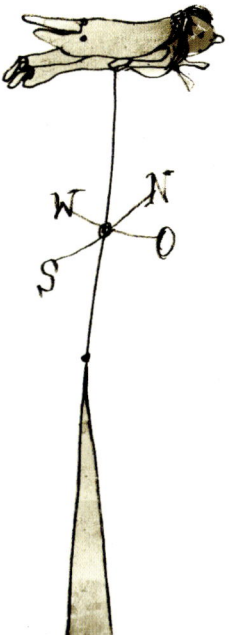

Das Herz lässt
Aphorismen
Mit Bildern von

Steffen Verlag

sich nicht zwingen
von Theodor Fontane

Jutta Mirtschin

Ausgewählt von Erika Becker
und Werner Sagner.

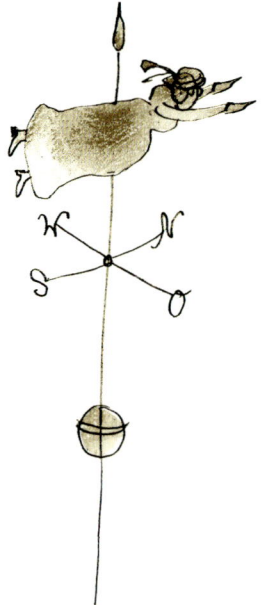

Alles in der Welt kehrt sich einmal um.

Schach von Wuthenow

Unsere Prinzipien dauern gerade so lange,
bis sie mit unsern Leidenschaften oder Eitelkeiten
in Konflikt geraten.

Schach von Wuthenow*

Schönheit ist eine Gefahr von Jugend auf.

*Cécile**

Wo nicht Friede sein kann,
da sei wenigstens Waffenstillstand.

Schach von Wuthenow

Ewiges Umsatteln macht einen schlechten Eindruck.

*Die Poggenpuhls**

Die Gesellschaft, wenn sie nur will,
kann auch ein Auge zudrücken.

*Effi Briest**

Wo die Gefahr liegt, liegt auch die Rettung.

*Cécile**

Freilich ist es leichter,
die Wahrheit zu predigen, als danach zu handeln.

Cécile

Wenn der Ernst seinen Tag hat,
so hat der Scherz wenigstens seine Stunde.

Schach von Wuthenow

Erbschaft ist die beste Art, zu Gelde zu kommen.

Unterm Birnbaum

Was ein richtiges Bein ist, das bricht nicht so leicht.

Effi Briest

Fleißige Tage sind gute Tage.

Grete Minde

Zersplitterung ist der Fluch der modernen Bildung.

Cécile

Jeder hört am liebsten, was ihm schmeichelt und wohl tut.

Stine

Von zwei Übeln wähle das Kleinere.

Cécile

Gedanken sind in der Regel etwas,
das noch im Hintergrunde liegt,
Wünsche aber liegen meist schon auf der Lippe.

Effi Briest

Etwas Gutes kann immer zweimal gesagt werden.

Frau Jenny Treibel

Alte Augen sehen am besten im Dunkeln.
Grete Minde

Auch die kleinen Existenzen
haben ihre großen Momente.
Die Poggenpuhls*

In höheren Karrieren will man keine Alltagsmenschen.
Effi Briest

Hochversicherte Scheunen brennen immer ab.
Vor dem Sturm

Aufs Kapital kommt es nicht an,
wenn man bloß gute Zinsen hat.
Mathilde Möhring

Jedes Zuviel ist vom Übel.

Unwiederbringlich

Der Standpunkt macht es nicht,
die Art macht es, wie man ihn vertritt.

Unwiederbringlich

Gut sehen ist das halbe Hören.

Unwiederbringlich*

Wer hasst, ist zu bedauern, und mehr noch fast, wer liebt.

Unwiederbringlich

Die wahren Geschichten
sind immer langweilig oder hässlich.

Vor dem Sturm

Eine Liebesgeschichte dauert nie zu lang.

Unwiederbringlich*

Wenn der Hirt fehlt, rebelliert die Herde.

Der Stechlin*

Das Undankbarste,
weil Unklügste, was es gibt, ist Dank erwarten.

Unwiederbringlich

Die Natur hat mitunter ihre demokratischen Launen.

Cécile

Personen, die nicht da waren,
wissen immer alles am besten.

Unwiederbringlich

Des Menschen guter Engel ist die Zeit.

Unwiederbringlich

Man unterhält sich am besten,
wenn man gefragt wird und antworten kann.

Unwiederbringlich*

Die höchste Dummheit entzieht sich
ebenso der Berechnung wie die höchste Klugheit.

Schach von Wuthenow

Aber Liebe gibt Ebenbürtigkeit.

Der Stechlin

Die Menschheit, die will haben, aber nicht geben.

Der Stechlin

Wo Verständnis ist, ist auch Verzeihung.

Schach von Wuthenow

Renommieren ist ein elendes Handwerk.

Der Stechlin*

Wo die Leute den Morgen verschlafen,
da gibt es den ganzen Tag keine Ordnung mehr.

Effi Briest

Zugespitzte Sätze darf man nie wörtlich nehmen.

Der Stechlin*

Gerade die, die dasselbe Ziel verfolgen,
bekämpfen sich immer am heftigsten.

Der Stechlin*

Besser bewahrt als beklagt.

Der Stechlin

Tue, was dir gut dünkt, und nimm die Folgen auf dich.

Vor dem Sturm

Es muss immer ein richtiges Verhältnis da sein
zwischen Mittel und Zweck.

Der Stechlin

Unpünktlichkeit ist die Schwester der Vergesslichkeit.

Vor dem Sturm*

Es gibt wenig ernste Sachen,
die nicht auch eine komische Seite hätten.

Der Stechlin*

Wer schnell gibt, der gibt doppelt.

Der Stechlin*

In einem Hause, in dem die Kinder fehlen,
wird das Christkind immer einen schweren Stand haben.

Vor dem Sturm*

Wer nicht Maß halten kann,
verliert das Gleichgewicht und fällt.

Vor dem Sturm*

Ist ein Anfang da, so laufen die Dinge von selber weiter.

Der Stechlin*

Wenn ich den Apfel kenne, kenn' ich auch den Stamm …

Der Stechlin

Jeder hält seine Zeit für die beste.

Der Stechlin*

Es kann nicht jeder in die Milchschüssel fallen.

Vor dem Sturm

Bauern löschen immer erst, wenn das eigene Dach brennt.

Vor dem Sturm*

Das Leben ist kurz, aber die Stunde ist lang.

Der Stechlin

Wer immer gehorcht, das ist ein fauler Knecht.
Aber wer eine rechte Lust und Liebe hat,
der hat auch einen Willen.

Ellernklipp*

Wer Großes hüten will,
muss auch das Kleine zu hüten verstehen.

Frau Jenny Treibel

Das Leben macht doch immer die besten Witze.

Der Stechlin

Das Herz lässt sich nicht zwingen.

*Vor dem Sturm**

Die Kirche betont nur die Heiligkeit der Ehe,
nicht das Glück der Ehe.

Graf Petöfy

Wer die Praxis hat, hat auch die Theorie.

Vor dem Sturm

Was starr ist, ist tot.

Vor dem Sturm

Mit einem guten Spruch ist viel auszurichten.

Vor dem Sturm

Die Äpfel mit der schönsten Schale
sind meist wurmstichig.

Die Poggenpuhls

Es ist unser Tun, nicht unser Tod,
was uns ein schöneres Leben sichert.

Vor dem Sturm

Denn was die Klugheit hilft, das verdirbt die Eitelkeit.

Vor dem Sturm

Junge Tage, kurzes Leid.

Vor dem Sturm

Leben heißt Hoffnungen begraben.

Cécile

Wir beten erst, wenn wir im Unglück sind.

Ellernklipp*

Der eine hat den Beutel,
der andre hat das Geld.

Frau Jenny Treibel

Es kann auch ein Glück sein,
dem Glück anderer die Wege zu bereiten.

Graf Petöfy*

Alles, was lebt, hängt auch am Leben.

*Graf Petöfy**

Wer in die Mühle geht, wird weiß.

L'Adultera

Man ist nicht bloß ein einzelner Mensch, man gehört einem Ganzen an, und auf das Ganze haben wir beständig Rücksicht zu nehmen.

*Effi Briest**

Glücklich machen ist das höchste Glück.

Die Poggenpuhls

Alle Klosteruhren gehen nach.

Der Stechlin

Neue Zeit und alte Vorurteile.

Schach von Wuthenow

Wer ehrlich sein will, muss mit Ehrlichkeit anfangen.

Graf Petöfy

Die Liebe lebt von liebenswürdigen Kleinigkeiten.

Cécile*

Alle Menschen sind Wetterfahnen,
ein bisschen mehr, ein bisschen weniger.

Der Stechlin

Wer mal zu Kreuze gekrochen ist,
der bringt die Courage nicht mehr fertig.

Quitt

Die meisten Zitate sind falsch.

Die Poggenpuhls*

Seit wir die Eisenbahnen haben,
laufen die Pferde schlechter.

Der Stechlin*

Zu Fuß macht geschmeidig, zu Pferde macht steif.

Der Stechlin*

Die Hoffnung ist oft besser als die Erfüllung.

Die Poggenpuhls*

Sei nur erst im Feuer,
so kommt dir der Mut.

Graf Petöfy

Wenn man Eindruck macht, das behält man.

Der Stechlin

Krankheit macht eigensinnig.

Stine*

Wo der Verstand befiehlt, ist der Gehorsam leicht.

Quitt

Heldentum ist Ausnahmezustand
und meist Produkt einer Zwangslage.

Der Stechlin

Kürze soll eine Tugend sein; aber sich kurz fassen,
heißt meistens auch, sich grob fassen.

Der Stechlin

Götzendienst ist schlimmer als Unglaube.

Der Stechlin

Abwechslung ist des Lebens Reiz, eine Wahrheit,
die freilich jede glückliche Ehe zu widerlegen scheint.

Effi Briest

Die Liebe fällt nicht immer auf ein Rosenblatt …

L'Adultera

Unsre ganze Gesellschaft ist aufgebaut auf dem Ich.
Das ist ihr Fluch, und daran muss sie zugrunde gehen.

Der Stechlin

Man hört nie auf, erziehungsbedürftig zu sein.

Meine Kinderjahre*

Zeit gewonnen, alles gewonnen.

L'Adultera

Auch Spottpreise können zu hoch sein.

Unterm Birnbaum

Die hübschesten Sachen in der Weltgeschichte werden immer widerrufen oder widerlegt.

Vor dem Sturm

Man muss auch von der Jugend nicht mehr verlangen, als sie leisten kann.

Unwiederbringlich*

Jedes Wetter tobt sich aus.

L'Adultera

Jede neue Zeit dünkt sich eben klüger
als die vorausgegangene.

Graf Petöfy

Das Licht unseres Lebens heißt die Freude.

Unwiederbringlich*

Wer ein Licht hat, der will es auch leuchten lassen.

Unwiederbringlich*

Man ist immer nur klug und weise für andre.

Der Stechlin*

Kinderzeit ist ohnehin unsere beste Zeit
und die lehrreichste dazu.

Graf Petöfy

Verwöhnung ist kein Glück.

L'Adultera*

Man soll den Brunnen nicht erst zudecken,
wenn das Kind hineingefallen ist.

Vor dem Sturm*

Die Glücklichen vergessen die Zeit.

Irrungen, Wirrungen*

Der Charakter ist wichtiger als das Herz.

Unwiederbringlich

Man unterschätzt doch immer die Menschen
und am meisten seine eigenen Kinder.

Frau Jenny Treibel

Was ist Freiheit gegen Liebe!

Der Stechlin

Heiterkeit zieht an, Heiterkeit ist wie ein Magnet.

Die Poggenpuhls*

Wenn man das Gute hat,
muss man das Bessere nicht auf allerlei Gefahr hin
haben wollen.

Graf Petöfy

Courage ist gut, aber Ausdauer ist besser.

Der Stechlin

Gedanken und Wünsche sind zollfrei.

Effi Briest

Die Verhältnisse machen den Menschen.

Meine Kinderjahre

Eine Karte, die viermal gewonnen,
hat immer Chance, das fünfte Mal zu verlieren.

Meine Kinderjahre

Unser Herz hat Platz für allerlei Widersprüche ...

Irrungen, Wirrungen

Eine der lästigsten Erscheinungen
in Leben und Gesellschaft ist immer
der Störenfried.

Graf Petöfy*

Alles Alte,
soweit es Anspruch darauf hat, sollen wir lieben,
aber für das Neue sollen wir recht eigentlich leben.

Der Stechlin

Ruhig ist man nur, wenn man sicher ist.

Der Stechlin*

Abschiedsworte müssen kurz sein,
wie Liebeserklärungen.

Cécile

Jutta Mirtschin

1949 Geboren in Chemnitz
1968 bis 1969 Abendakademie, Hochschule für Grafik und Buchkunst Leipzig
1969 bis 1976 Studium und Aspirantur, Kunsthochschule Berlin-Weißensee
1982 bis 1985 Meisterschülerin an der Akademie der Künste Berlin
1997 bis 2003 Lehraufträge an den Design-Schulen Anklam und Schwerin

Jutta Mirtschin arbeitet in verschiedenen künstlerischen Genres.
Sie widmet sich der Malerei und Grafik, gestaltet Film- und Theaterplakate, entwirft Bühnen- und Kostümbilder für Inszenierungen am Kinder- und Jugendtheater sowie Figuren für das Puppentheater.
Ihre besondere Liebe aber gilt der Illustration. Mit ihren zauberhaft hintersinnigen Illustrationen stattet sie sowohl Bilderbücher für Kinder als auch Bücher für Erwachsene aus.

Arbeiten in Sammlungen: Akademie der Künste Berlin; Staatsbibliothek zu Berlin, Preußischer Kulturbesitz; Staatliches Museum Schwerin, Kunstsammlungen, Schlösser und Gärten; Kunstbibliothek, Staatliche Museen zu Berlin; Slowakische Nationalgalerie Bratislava; Brandenburgische Kulturstiftung Cottbus, Kunstmuseum dkw; Sorbisches Museum Bautzen

Theodor Fontane

- 1819 Geboren in Neuruppin
- 1847 Approbation als «Apotheker erster Klasse»
- ab 1849 Schriftsteller (Romane, Novellen, Erzählungen, Balladen, Gedichte) und Journalist, Publizist, Kritiker, Herausgeber, Privatlehrer
- 1855 bis 1859 Pressekorrespondent in London
- 1870 bis 1889 Nebentätigkeit als Theaterkritiker der Königlich privilegirten Berlinischen Zeitung von Staats- und gelehrten Sachen (Vossische Zeitung)
- 1898 Gestorben in Berlin

Ehrungen

- 1891 Ehrengabe der Deutschen Schillerstiftung
- 1894 Ehrendoktorwürde der Philosophischen Fakultät der Friedrich-Wilhelms-Universität Berlin

Bücher, eine Auswahl

Jenseit des Tweed; Wanderungen durch die Mark Brandenburg; Vor dem Sturm; Grete Minde; Ellernklipp; Schach von Wuthenow; Irrungen, Wirrungen; Stine; Effi Briest; Die Poggenpuhls; Der Stechlin

Weitere Bände dieser Reihe

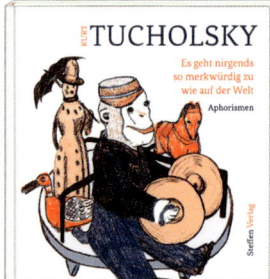

Impressum

3. Auflage 2025

Steffen Verlag / STEFFEN MEDIA GmbH, 2017
Mühlenstraße 72 | 17098 Friedland (Meckl.)
www.steffen-verlag.de | info@steffen-verlag.de

Illustrationen | Jutta Mirtschin, Berlin
Gestaltung, Layout | Uwe Häntsch, Berlin

Herstellung | Steffen Media, Friedland, Usedom
www.steffen-media.de

ISBN 978-3-941683-80-8

*Die mit * gekennzeichneten Zitate sind redaktionell bearbeitet.
In der Regel wurden Kürzungen vorgenommen oder Nebensätze in
Hauptsätze umgewandelt. Der ursprüngliche Sinn blieb immer er-
halten. Der Text folgt den Regeln der neuen Rechtschreibung.*

Die Deutsche Nationalbibliothek verzeichnet
diese Publikation in der Deutschen Nationalbibliografie
– detaillierte bibliografische Daten sind im Internet
abrufbar unter http://dnb.d-nb.de